농담 걸어오는 저녁

농담 걸어오는 저녁

성낙수 시집

nol
bok

시인의 말

내일이면
시인이라 불린 지
오십 년이 된다.

오랜 시간 시를 쓰고
열 권의 시집을 묶었지만
나는 여전히 시를 모른다.

이빨 하나를 뽑듯
고요한 고통 속에서
또 한 줄의 시가 태어난다.

2025년 5월
용암동 자락에서 성낙수

차례

제1부

13 돌배 꽃
14 밤비
15 가시버시
16 그림자
17 추억은
18 기억 이야기 1
19 기억 이야기 2
20 반복의 의미
21 꽃샘추위
22 보름달
23 매화
24 눈 감아 줄 수 없는 세월
25 늙은 정원이 있는 집
26 보슬비
27 고드름
28 산의 이름으로
29 그리움의 호수에 세워진 생각의 누각
30 매화 피는 날

제2부

33 그리움은 65

34 그리움은 66

35 그리움은 67

36 그리움은 68

37 그리움은 69

38 그리움은 70

39 그리움은 71

40 그리움은 72

41 영덕 고래불에서

42 오판의 미덕

43 뒤통수치는 오늘

44 작은 이야기

45 소문

46 강아지 앓는 소리

47 타향에서

48 인생은

49 돌아감

50 외면한 노을

제3부

53 제발
54 이별 이후
55 동해에서
56 허수아비
57 화근
58 밤의 인식
59 불발탄
60 하지
61 가을바람
62 첫사랑
63 귀결
64 이별
65 간격
66 결혼이란
67 이 바위산 앞에서
68 첫 고백

제4부

71   애인 삼으니

72   노을

73   가는 세월

74   생일 선물

75   소문 1

76   고운 가시

77   연꽃밭에서

78   내비게이션

79   짝사랑

80   뭉게구름

81   헌화

82   호우주의보

83   휴식 시간에

84   빛바랜 추억

85   와우산에서 3

86   바람길

87   중앙공원에서 3

88   하트로 가둬 놓아

제5부

91 나의 섬
92 늦은 깨달음
93 우울증
94 설거지
95 사랑꾼
96 일상의 뒤란
97 꽃이 피면
98 여유의 수치
99 반전
100 시의 향기
101 공중전화기
102 바다 이야기
103 누가 뭐라 해도
104 배반의 원리
105 배꽃
106 기억의 언어
107 사슴벌레
109 **해설** | 박찬희

　『농담 걸어오는 저녁』에서 읽는 포이에시스

제1부

돌배 꽃

그냥 반해 버렸지 거짓 없이 이웃 별에게 안부 물어
보조개 미소로 피어난 작은 별

밤비

그대여, 얄팍한 이내 가슴 고만 두드려 아니 온 듯 다녀가소서.

가시버시

콩이라 하면 팥이라 하여
팥이라 하면 콩이라 우겨
하늘 아래 아옹다옹
물 베기의 싸움 끝자락
이부자리에서 손잡아 일어나
깔끔하게 변하는 끝내 같은 편

그림자

빠져 버린 짝사랑의 보조개에 한 발짝 벗어나지 못하는 멍청이

추억은

닫혀있는 반쪽의 시간을 숨긴 어둠이 구워 놓은 속삭임으로 꺼낸 보물

기억 이야기 1

 밤늦도록 기울어진 원두막에 올라 민망해하는 달과 마주해
 시간이 멈춰 버린 밤 동안 모래 언덕에 모아 놓아 별빛으로 남아
 도깨비불로 나타나 별똥별로 사라져 보물찾기의 눈빛처럼 빛나
 풀지 못한 매듭으로 생활 계획표에 나오는 흔적 없는 흔적 따라
 마중해 준 손짓 없어 기억은 아쉬움 알아 도서관 구석의 묵은 먼지로
 천진난만한 이야기 속에 거짓 없는 기다림도 나이테 없는 그리움도
 마름모 진 자투리에서 나오는 방언으로 날개 없이 제 역할 다해
 팔뚝 나약한 시간의 범주 벗어나 반딧불이 따라 날아다니고

기억 이야기 2

팔뚝 가녀린 시간 농담으로 건네는 말에 빠져
술 안 취해 정신으로 말 많은 현실의 바람은
일상의 뒤란 바지랑대 없이 비껴 머물러
별명으로 불리게 되는 말라깽이 수다쟁이
차 막히기 전에 서둘러 길 떠나고 있어
질색해 빡빡하게 구는 사소한 문장 곁에
달빛으로 등목해 눈빛 맑은 초신성 되어
말에 뼈 있어 매듭의 어절마다 아프게 하고

반복의 의미

오늘을 산다는 것은 청기 들어 백기 내려

백기 올려 청기 내려 고개 들어 반복해

괜히 힘들어 속 보여 구겨 견뎌 내는 것을

참아야 하는 바람이 하는 이야기 들려와

지적질하는 산새 얄미워 귀담아 안 들어

오점으로 남아돌아 청기 들어 백기 내려

백기 올려 청기 내려 맥없이 반복해

꼴사납게 속 보여 겁나도록 견뎌 내는

꽃샘추위

고개 돌려 돌연 가던 길 되돌아와
한물간 그 위세 얼마나 무섭게 부리기에
버들강아지 눈뜨다 말고 화들짝 떨고 있네

보름달

여보게 친구야 오래 안부 묻지 못해 미안하기만 하네
따뜻한 차 한잔 대접할 것이니 천천히 있다 가게나
잰걸음으로 가는 세월 막무가내 거슬러 비껴
잊어버린 고무신 한 짝에 잠시 숨 고르며 쉬고 있는
발뒤축 예쁜 달빛 따라 걷게 되면 발길 가벼워
새침데기 달 가지마다 그리움 피우는 것 뒤늦게 알아
원만한 성격으로 미뤄 향기 품어 내는 팽팽한 꽃가지
달빛과 별빛으로 엮어 짜서 시린 무릎 덮어 두어
무표정한 달빛에 살짝 홀려 가는 길 멈출 수 없어
보는 것도 애써 민감해 고개 돌려 서툰 말 뜸을 들여
나뭇가지의 떨림으로 휘어져 타박상 입은 꽃가지
모나지 않아 달 떠 가도 기억 못 해 무릎 절고 있어
눈 떠 달 밝은 밤 달이 보낸 추파에 마당 머물러
고집 센 달과 마주해 견뎌 어지간한 고집 있어야지

매화

잰걸음으로 오던 봄 멈춰 빼꼼 고개 내밀어
나무 기둥에 묶어둔 설렘으로 야속하게도
젖망울 언저리 부풀어 오는 목을 푼 그리움으로
꽃망울은 지워진 과거의 기억 찾아 북을 울리고
포기 없이 햇살 마주해 목소리 제대로 꺾어 놓아
바람 따라 울음 우는 못난이 가지 위에서
솔직하게 발설하지 않아 빠짐없이 사라져
챙겨주는 것 얻어 방해하는 일이 자주 생겨나
내색 하지 않아 생뚱맞게 돌아서는 미련
다투어 꽃망울마다 팝콘 터지는 소리 요란하고

눈 감아 줄 수 없는 세월

 돌아오려고 발길 줘 떠나는 길 따라 성격 급해 서둘러 가는 것 탓하지 못한 기억으로 감쪽같이 감춰진 소금 장수 넘는 고갯길 따라 비 안 오게 호들갑 떨어 선물 꾸러미에 얹어오는 우울 별 수 없이 떠나보내지 못해 헛소리로 예고하는 바람 따라 버릇없이 멋대로 가는 세월 구겨 접어 서랍 속에 넣어 도망가지 못하게 하려느냐 맞서지 못하는 모습 보이지 않기 위해 매화 꽃잎 눈 돌려 빗대 욕해 눈꺼풀 꼼짝 안 하는 굳은살 배 세월 눈물 흘려 아는 척해 마음 속여 바뀌는 것 없어 날 선 기억으로 빗금 그어 멈추지 못하는 시간의 매듭 따라 매화 향기에 두 눈 뜨고

늙은 정원이 있는 집

하늘에만 있다고 떠벌이는 낙원이 담 너머에 보이지
쉬지 않아 떼창 반복해 벗겨진 나무들의 입모양 따라
밤새 불 지펴 고아 낸 노을로 피운 꽃무리의 그림자
사각형의 정원 군소리 없이 지켜 내어 바람이 머물러
고장 난 피아노 앞에 놓인 악보의 노랫가락 따라
모서리 닳아 버린 오기로 발가락에 힘주는 일상의 뒤란
일그러진 표정 감춰 내줄 것 없는 상팔자로 앉아
구한말 흑백 사진으로 벽 한 편에 박제되어 걸려
체중기로 속 거북한 일상의 기억이 소박한 식사 후에
고정된 장면의 사진이 빛바래 어색한 표정 짓고 있지

보슬비

빗소리와 똑같은 소주잔 따르는 소리 인생의 맛이 소주보다 쓰기만 해 목 너머로 끌어당기는 소주잔의 힘에 사랑 눈멀어 무시로 내리는 나약한 눈물 따라 향 좋은 고구마 라테의 맛으로 살고 싶은 것을 바로 떠나지 못하는 아쉬움에 머무는 발걸음

고드름

참, 알 수 없는 것을 생각의 강줄기 품어 침묵으로 흘러 곁은 차갑고 속은 따뜻한 가슴팍에 보일 듯 말 듯 한 그대의 미소로 번져오는 네 박자의 메아리

산의 이름으로

단점 없는 것이 매력인 친구의 자태로
서로 닮아 이 친구가 나이길 기대하여
숨 못 쉬어 가까이 다가서 하나가 되어
매력 없는 것 매력인 친구와 가까이해
침묵의 언어 남보다 손쉽게 배워 놓아
멀리 서서 차분히 대화 나누는 것을
그대의 이름으로 변치 않는 마음이지

그리움의 호수에 세워진 생각의 누각

살다 보면 사무친 그리움도 아무것도 아닐 때 있지
아무리 그리워해도 지구를 도는 달 가까이 못 오듯
당신에게 엄두 못 내 가까이 가지 않는 그리움의 호수에
변덕 부리지 않아 마음 가서 달빛의 농담 들어줄 수 있어
높다란 누각 무너지지 않게 세워 세월 끝까지 기다려
낯빛 고운 그리움 남부럽게 허물없는 사이로 지내어
생각의 씨앗 흩뿌려져 틈새에 비집어 들어 자리해
상감된 그리움은 뽑을 수 없이 무성히 자라나서
진심 어린 말 섞어하는 농담거리 핑계로 짜증 부려
별거 아닌 그리움 날 예리한 칼로 잘라 베어 지지 않아
물푸레나무 작대기 들어 그림자 때려 버려 꿈쩍 안 해
보이지 않는 일이 졸지에 생겨도 끝내 쫄지 말아야지

매화 피는 날

잠 덜 깬 정원 둘러봐 이상할 것 없지
눈 비벼 일어나는 꽃잎의 오지랖으로
자태 고와 향내 멋져도 으스대지 않아
못다 한 그리움이야 미루나무 붓 삼아
재촉하는 강물에 써 못다 풀어낸 사연
소쩍새 우는 밤 계곡 따라 진심 어린
강물의 떨리는 목소리 들어 보았느냐
둥구나무에서 음 이탈로 쉼 없이 울어
계절의 가랑이 새로 번지는 노랫소리는
쉬어 가지 못하는 깡마른 세월 이야기

제2부

그리움은 65

그림자 지지 않은 팽팽한 순둥이로 꽃가지에 군살 배기지 못해 연두빛 새싹으로 돋아나지

그리움은 66

 남은 작은 불씨로 불붙어 허울뿐인 비무장지대 맞불 작전으로 번지는 지뢰 폭발의 겁나게 찬란한 불꽃놀이로 신명 나서 온 산 태우는 산불

그리움은 67

달콤한 속삭임의 어절로 팔다리 없어 기척 안 내어 시도 때도 없이 다가오고 있지 한 번도 표정 들키지 않아

그리움은 68

누구도 봉인할 수 없는 신의 미완성 작품

그리움은 69

변두리에 방점 찍어 두어 제멋대로 명주마다 빠진
값싼 몇 어절로 써 놓을 수 없는 그리움
얼마나 지나야 그리움 만질 수도 볼 수도 있겠느냐

그리움은 70

두 눈 가려 뚜렷이 보여 쓰러져 그림자 없이 남은 흔적으로 발 빠른 세월이 멀리 가도 지워지지 않은 상감된 탁본

그리움은 71

 미루나무 붓 삼아 강물에 써서 흘러 없어져 버려 쓰고 또 쓰고 있어도 싫증 나지 않아 보듬어 가고 싶은 동그란 어절

그리움은 72

유통기한 훨씬 지나 아무 쓸모없어도 내버리지 못해 서랍 속 깊이 남겨 놓은 동전 꾸러미

영덕 고래불에서

  바다와 오래 마주해 바다 닮지 못하고 있지 하늘에 핏대 올려 삿대질해 놓아 얻을 것은 아무것도 없어

  남은 흔적으로 오금 저려 모랫벌 따라 다발로 핀 목화송이 뜨내기로 몸부림쳐 바다의 깊이 모르면서 품은 뜻 알겠느냐

  바다 앞에 오래 서 봐도 힘이 든 아픔 겪어본 적 없는 사람은 몰라 질투하는 바람의 뒤태 따라 예민하게 화내어 거스르게 혓바늘 선 파도소리 밤새 들어본 적 있는가 하얀색의 목석인 파도소리는 바다의 속살에 반해 고랫벌 떠나지 못해 바다 청지기 되어 바다의 어깨 두드려 깨워 바다의 가슴 토닥여 재워 뭇 한숨 소리 보듬어 파도는 아파 본 적 없는 생이별의 슬픔으로 일상의 뒤란 견뎌낼 수 있는 장문의 사연 바람으로 안부 보내고

오판의 미덕

 한 많은 이 세상 친구여 먼저 다 잊고 가게나 밥 먹자는 친구들도 시간 갈수록 자꾸만 줄어들어 섭섭한 마음으로 빌어먹을 세상 누구처럼 호강하고는 못가도 괄시받지 말아 일이 생기면 우연이란 말 자주 쓰는데 우연 없는 것을 아름다운 세상에서 아름답게 있다 가는지 미운 세상에서 미운털로 버텨 내다 가는지 생각해 보기 나름 한 편의 드라마를 보며 끝날 때까지 시 끄적여 밤새 고이 접어둔 종이학 되어 날갯짓 못해도 어디든 날아갈 수 있어 습관처럼 전화번호를 눌러 기다려도 수신음으로 들리지 않고

뒤통수치는 오늘

 노래 한 곡 끝까지 부르지 못하는 음치로 일상의 뒤란에서
 혼자 노래 부르지 인간으로 이 세상 살아 돌아가면 왔던 곳 그대로
 그곳은 선악 구별되는 천당과 지옥이 아니라 완벽한 영원의 공간으로 남아
 기억의 판단 없는 위치에 서서 고집부려 되는 일 없어 망설이는데
 천당과 지옥이란 공간 인간들이 만들어 이 세상에서 잘 살아가라 하지만
 그냥 지들 멋대로 반은 나쁜 놈으로 반은 좋은 자로 분류해 있을 뿐인 것을
 뒤통수치는 오늘 멀리해 내일 기다려 아름다운 세상에서 아름답게 있어 놓아
 미운 세상에서 미운털로 버텨 내 가는지 그냥 마음먹기 달렸지

작은 이야기

되나 가나 멍 때리는 하오 베어 놓은 수수깡처럼 마른 가슴으로 온종일 핀잔받아도 고개 숙이지 않아

아쉽게도 마음 가는 대로 발길 가지 못해 망설여 얻는 것 없이 친구여 뒤통수만 보이고 견뎌 돌아가

한 세상 산 것은 마찬가지로 존재감 폼 잡아 사나 무명으로 버텨 그럭저럭 사나

돌아가 보면 그게 그것인 것을 동반자로 함께 했던 것은 지워지지 않는 흔적으로 눈 부릅뜬 출입금지 팻말 넘지 못해

망설여 농담 걸어오는 저녁 햇살 멀리해 멈춰버린 시간의 자락 따라 계곡물의 노랫소리 들려 번져

잘난 척 눈먼 자들이 코끼리 만져 다 아는 듯하는 것이 인생인 것을 하찮은 연극 속에 거닐어 스쳐 가는

밝음이 꼭 필요한 어둠처럼 어둠 가까이 필요한 밝음처럼 고집 없어야 해

망설여 이야기의 마지막 장 오랜 시간 걸려 써 내려 가고 있지

소문

 엄청난 몰락 겪어 가치 없는 계산으로 인형 뽑기 하듯 하늘로 솟아 버리길 바라서 숨긴 듯이 다 알아 남아 있는 우렁각시의 속고쟁이

강아지 앓는 소리

꼭 닮은 소리로 앓고 있지 유년 시절부터 강아지를 길러 잘 따르고 잘 자라 주었는데 한 번 심하게 아프면 일절 먹지 않고 하룻밤 내내 강아지 앓는 소리 내어 가슴이 아팠지 새벽에 떠놓은 물을 마시고 나면 깨끗이 털고 일어나고 어쩌다 아프면 덩달아 움츠려 강아지 우는 소리 하룻밤 지내고 나면 떨쳐 일어나게 되지 오늘 밤도 강아지는 강아지 앓는 소리 내고 있는 것을 누워 강아지 앓는 소리 내고 나면 아픔 떨쳐 일어나겠지 녹슨 잠을 따지지 않아도 꼭 닮은 강아지 앓는 소리 아끼는 유리구슬로 거듭 내고 있지

빌어먹을 아무리 강아지 앓는 소리 내 봐도 요새는 일어나지 못하고

타향에서

　속병 참아 큰 병 되어 첫사랑 고봉으로 견뎌 정이 들지 않아 멋없이 화나도 발목 부러뜨리지 못한 동네 어귀에서 손 꼭 잡아 노을 볼 수 있어 지겹게 고향 그리던 마음으로 타향에서 서툰 눈짓으로 견뎌 빈 하늘 채워 노을은 싫든 좋든 마음 다 받아줘 고장 난 시계추처럼 움직이는 시간 따라 삐치지 않은 편한 친구로 접어도 구겨지지 않아 그리움은 완벽한 제유법으로 남아 있고

인생은

작은 발자국 찍어 고난의 길 걸어 미워하는 마음 구겨 접어 본전 뽑을 수 없는 막장 드라마

돌아감

빈손으로 가게 되어 반드시 혼자 떠나면서 뒤돌아보게 되지

외면한 노을

 높은 뒷동산은 어머니였지 직진해 그물망에 걸려 있는 시간으로 뒷동산이 낮아져도 노을 바라보며 키는 커 가고 해 질 녘 숨 가쁘게 새끼발가락 힘주어 노을 얼굴에 마지막 화장 곱게 해 아홉 자도 넘지 못하는 직사각형의 기억 속으로 돌아가며 뒷동산 외면해 황토 흙으로 앞섶 곱게 여미고

제3부

제발

세상 한 바퀴 나들이하듯 돌아보고 가는 인생이지요
생각만 하지 말고 입 열어 나에게만 들리게 말해봐요
신명 난 욕심 아낌없이 모두 버려 제 자리 지켜내요
마침표 물음표 접어 두어 기분 좋은 느낌표로 남겨요
주먹 불끈 쥐어 울분 토하지 말아 그냥 있어 줘요
한숨 가볍게 내뱉듯이 언제나 떠나지 말아야 해요

이별 이후

돌아보지 않아 가버려 떠난 줄 알았는데 이제껏 남아 있었나 봐요

썼다가 지워 잊지 않아 그리움의 그림자로 남아 어이하나요

껄렁대는 바람결로 엽서 한 장 보내줄까

대문 앞에서 표시 안 나게 기다리고 있네요

동해에서

긴 생머리 눈빛 여린 바다는 뼈가 없는 줄 알았는데 몸속 깊이 뼈다귀 지니고 있는 완전 통뼈로 사정없이 사무치는 그리움의 파도 바지랑대 삼아 견뎌 멍든 가슴팍으로 오늘도 뒤척이고

허수아비

 꼬투리 잡힐 일 없이 어색한 표정 안 지으려 해도 어색한 표정의 영혼으로 인간인 척 폼 잡아 쓰다 남은 크레파스로 안면에 그려 놓은 눈과 귀 코 새 떼에게 줘버려 두 팔 두 다리 기꺼이 바람이 가져가도 쫄지 않아 가슴에 품은 심장 하나로 누구도 시키지 않은 들녘 버텨 지키는 마지막 싸울아비

화근

 몇 근 안 되는 돌부리 당한 삶 눈치 안 보고 공감 능력 하나 없는 일상의 뒤란에서 개떡같이 대해도 찰떡같이 알아들어 회충약 대신 마신 휘발유 한 됫박 뱃속에 남아 불을 붙이고

밤의 인식

 박물관 구석에나 어울릴 구식 물건 되어 까딱하면 부서져 버릴 처지로 녹슨 가위 되어 쓸데없이 몽달 귀신이 설치는 어둠의 뜨락 시가 어둠 속에서 말 걸어오는 밤 별빛 밟아 걸어 눈여겨 찾아봐도 소용없이 신명은 때깔 고운 낮빛으로 그림자 없으면 귀신이지 인기척 없어도 귀신인 것을 사람 아니면 귀신으로 밤을 분주히 설치고

불발탄

 냇가 모래방 속에서 공짜로 주워온 녹슨 수류탄에 오른팔 담보해 버린 잘 못 해 빌기 이골이 난 아이 동네 도마뱀 다 잡아 삶아 먹지 도마뱀 꼬리처럼 오른팔이 다시 나올 줄 알아 길섶에서 들국화 피고 지기를 삼 년 팔은 조금도 자라 나오지 않아 더 이상 잡아먹을 도마뱀도 없게 되고 죽기보다 싫은 동네 아이들의 놀림 "팔 하나 없는 병신 새끼" 밀 서리해 구워 비벼 먹을 때 누구보다 배 잘 채우는 것을 이 세상 눈 떠나온 자체의 모양새 불발탄으로 몸서리치는 냉정에 구겨진 모사 꾸미고 있지

하지

목 빼어 길어진 말뚝의 그림자가 되어 목침 베고 누워 떠나지 말자며 씨잘데기 없는 잔소리로 길어진 혓바닥

가을바람

  할머니는 굽은 허리 펴며 내뱉는 한숨으로 시름을 잊어 껍데기로 여남은 삶의 뒤란 걸어 실눈 뜬 배경 속에 보이는 패기 잃은 절망뿐 두말하면 잔소리 고운 채에 걸러내도 걸러지지 않는 농담으로 끼 있는 뒤태 탓해 얻는 것 없이 황토 부뚜막 위로 하늘땅 꺼져 내리는, 한숨

첫사랑

그냥 배꽃 지는 유년 시절 나도 모르게 넘어가 당해 버린 예쁜 사기

귀결

　많은 시간 투자해 팽팽한 손끝으로 만질 수도 우주의 눈으로 볼 수도 없는 그리움 그대에게 서너 어절로 써서 보여 줄 수 있는 것을

이별

 어둠의 밤 이기는 것은 쉽지 않아 친구는 떠나가고 빈 집만 달을 지켜 몇 번이나 잘라버리던 새끼손가락 다시 자라 구박 당해도 표정 바꾸지 않은 낯빛의 우울의 곁 허파에 바람 들어가 눈 가리지 않은 어둠의 동굴에서 감쪽같이 속여 넘기는 입담 좋은 신명도 눈치 보아 어둠의 자궁에서 만들어 놓아 번지 없이 배달된 반품으로 가슴팍 찌르고

간격

버리고 간 까치집으로 남아 멀쩡하게 산다는 것도 어려워 뒤돌아보지 않아 떠나 생긴 거리만큼 서둘러 뛰어가도 좁혀지지 않는 거리의 한계

결혼이란

결혼이란 나 닮은 그림자 찾기 유년 시절 상수리나무 아래 쌓인 배꽃 눈 속에서 잊어버린 어설피 차린 소꿉놀이 나 아닌 나 기꺼이 맞이해 바람의 어깨 다독여 바지랑대 없이 버텨 정이 물린 일곱 색깔 물감으로 그려 마중해 닮아 가는, 결혼이란 그림자 찾기

이 바위산 앞에서

　세상사 아무리 고난하고 힘이 들어도 무릎 꿇거나 엎드리지 않아 마음 많이 가는 동무지요

　바위가 품은 사연 들어 보았나요 이들이 말하는 사연 듣다 보면 시간도 멈춰 서게 되지요

　괜히 바위가 하는 말 알아들었다고 하면 제정신 아니라 소리 듣겠지요

　침묵으로 말하는 사연 또렷이 들려오는 때깔 고운 노을의 머플러 펼쳐지는 저녁 어스름이 좋지요

　참견하지 말라면서 그려지지도 않아 보이지 않는 한 세상 제멋대로 고집부려 사네요

첫 고백

별로 친하지 않은 같은 반 남자아이가 가까이 다가와 말했다. 주비야 너 옷 예쁘게 입었네 오늘……. 고마워, 주비야 그런데… 왜, 너 좋아하는 남자 친구 있어? 없어 너는 있어? 나는 있어……. 그래, 어느 반인데? 3학년 3반이야… 우리 반이잖아 누군데? 아주 가까이에 있어… 누군데 그래, 바로 너야…….

제4부

애인 삼으니

달을 애인 삼으니 걱정이 없네요 보고 싶을 때 볼 수 있어 좋네요 삐지는 일 없어 다행으로 이별 없으니 눈물도 없지요

노을

파란 물감 손바닥 가득 묻혀 온종일 하늘의 낯짝에 칠하다 돌아서니 누가 칠했는가 어느새 붉은색이 되어

가는 세월

    가까이하기에 그렇고 멀리 하기도 그런 변두리로 돌아가는 세월 서러워 어젯밤 내내 빗방울이 손가락 아프도록 피아노 치는 소리 들려 욕보고도 성질내지 않는 세월 문지방 없어 망설임에 바람의 그림자로 남아 애먹여 쫄깃한 면발로 벌떡 일어나서 가는 하오

생일 선물

 주비 밤하늘 볼 때마다 별을 따 달라고 조르는 성화 없애기 위해 장대 들어 망태 매어 뒷동산 올라 까먹어 버린 숙제 잊어 시간 보내 한 길도 안 되는 가슴속 볼 수 없어 헷갈려 호들갑 떠는 바람 시치미 떼어 외면해 은하수 촘촘히 박힌 주단 열두 필 오려 접어 대견하게 포장해 와 주비의 생일 선물로 천장에 붙어 놓아 시들지 않아 오래 봐야지

소문 1

 굴뚝 만들지 않아 걱정 없이 지내도 소심증 있는 분주한 마음에 아니 땐 굴뚝에 연기 날까 우려했는데 이상하게 굴뚝 보이지 않는데 연기가 난다고 하네 이럴 때 바람처럼 입이 싼 늙은 여자가 잘못인가 불도 안 때는데 연기 나는 굴뚝 주인이 잘못인지 몰라 허둥대는 바람보다 입이 더 싸서 절대로 물에 빠져도 죽지 않겠네 입만 동동 떠다녀 한 방울, 별거 아닌 거품에 지나지 않는 것이 가슴팍 연신 아프게 찌르고 있네

고운 가시

텃새처럼 둥지 가슴속에 튼
그리움 버텨 내 버리지 못해
작은 가시로 서녘 하늘에 남겨
아무리 작은 가시도 가시라
찔러 상처 내어 아프지

연꽃밭에서

 눈감아 바라보는 생각 따라 뚜렷이 보이는 고작 바람 하나 때문에 심장 나대어 미간 찌푸린 고민 화 풀지 못해 온종일 은방울 맺힌 이슬로 씻고

내비게이션

묻고 싶어요 말 잘 듣는 인간이 돼 간다는 것은 늙은 것이지요 집사람과 내비게이션 말 잘 들어야 한다네요 남은 쇠심줄 고집에 말 잘 듣기 쉽지 않지요 그냥 단풍 들어 늙어 가면 되겠지요

짝사랑

눈을 뗄 수 없는 엄청난 모험의 계곡 지나 하나뿐인 목숨 걸어 용의 머리 잘라 이겨야 얻는 공주를 바람결 같은 마음 건네 얻으려니 얻지 못해 안달 나 있지

뭉게구름

하얀 비단옷 곱게 접어 개어 놓았지 아끼고 아껴 수의 될지라도

헌화

혼자 외롭지 않았으면 좋겠지 노을 따라 목련꽃 향기 밟아가는 어머니의 마지막 길에 바치는 끝 마음

호우주의보

 바람 불어 세월의 초침 부러져 어김없는 눈치로 미소 지어 줄 날은 보이지 않아 낯선 모습 물끄러미 쏟아 슬픔 받아 주어 표정 험상한 고독은 지독해 싸워 이긴 자 없어 기회 노려 도살시키지 못하는 우울은 마음에 병 되어 어쩔 수 없이 하루도 웃기지 않으면 삐쳐 버린 비가 억수로 내리는 빗장뼈 빠져나간 기억으로 열두 손가락 펴 놓은 운명 미리 엿보아 기준치 벗어난 욕심이 섣불리 별리 불러 사전 예약 없이 넘어져도 좋지 정화된 터에 발 디뎌 쓸어버려 일어나는 법 버릇으로 배우기에

휴식 시간에

  눈길 주지 않아 클래식 선율 따라 고양이 천천히 지나 쓸데없이 울리는 전화 소리에 맞춰 시간 건너뛰어 억지 반어법과 낯설게 하기로 당돌한 내면의 흐름은 핏줄처럼 드러나서 감정의 옷 벗어던져 알몸으로 두 눈 감아 부끄럼 잊어 한때 망나니로 신명 나서 칼춤 춰 술잔에 달빛 넘쳐 담아 밤새 거나히 취한 언약의 바지랑대 기껏 죽음 후처럼 아늑하고 편해 지난 시간 되돌리는 것 불가능해도 되돌리려 애를 쓰지

빛바랜 추억

  자신감 있는 취향으로 나서서 헛물켜 하나도 안 닮은 눈빛 선한 세월과 흐르는 물 판박이로 한 번 가면 오지 않아 저물어 나들이 떠나는 미련 한동안 날라리로 손바닥과 달의 크기 맞대어 긴 하루 종이 접듯이 반으로 접어 노을 지는 수평선 너머 들려오는 철 지난 이야기 멀리서 서성이는 그리움의 등 토닥여 토라져 눈길 주지 않던 손 내밀어 주는

와우산에서 3

  수다에 여념 없는 꽃들의 꼬임에 멀미 난 거친 햇살에 그럴 듯이 비위 맞춰 놓아
  쭈그려 앉아 있는 근심의 그림자 빗겨 벗어 물불 안 가리는 오기 삼은
  산비탈의 하루 버려진 양들이 콩알만 한 시간 매만져 놀아
  딱정벌레 발 달린 근심으로 서둘러 고단해도 팔다리 여린 별것 아닌
  알싸한 시간 모아 놓아 눈에 보이게 바뀐 와우산 단숨에 오르고 내리던
  젊은이 어디에도 보이지 않아 영감 굽은 지팡이 짚어 버려진 한 가닥
  지푸라기로 남을지라도 가락 하찮은 입으로 이골 나서 억지 부리는
  교만에 굽히지 말아 버텨야지 비록 개도 안 물어가는 값싼 시를 위해

바람길

 하얀 머리 바람은 어깃장 놓아 말은 안 들어도 바르게 앞으로만 가서 믿을 수 있지 검은 머리 짐승은 거두는 것이 아니라는 말 믿지 않았는데 겪어보니 실감 나게 맞는 말인 것을 길섶에 올가미 놓아 한겨울 견뎌내는 순박한 산사람은 산토끼의 길 빠삭히 알고 있지 죽는 것보다 사는 것이 힘이 들어 바람은 길을 내 헤매고 있나 보다 대충 봐도 같은 길로만 다니는 좌표에 나오지 않는 벼랑길 가야 할 길 찾아가도 길은 없어 누구에게 묻지 않아 이골 난 가로 세로로 이어진 샛길 무작정 달려가고 있지 허연 머리의 눈먼 아이는 자신이 만든 길 따라

중앙공원에서 3

 이제 뜨거운 애무를 기대하지 않는다 갈비뼈 열두 개씩 스물네 개인 것을 처음으로 세어 보며 기죽지 않아 기울어진 반쪽 인생의 건너편에 있어 제멋대로 두 쪽으로 갈라져도 소리 하나 못 내는 나무젓가락의 간격을 꽃무늬로 도배한 거적때기 오만은 자시 지나도록 눈 감지 않아 적막의 밤이 땀범벅으로 딱 맞아떨어지는 것도 쉽게 오십 년 전부터 쭈그려 침 발라 육갑 떨어 복점을 빚어내는 마른 손가락 사이로 낯설게 한 주문 주사위 던지듯이 던져 시간 흘러가도 낡은 의자 비껴 기웃거려 형상화된 나이는 구겨진 추억 한 어절 겹쳐 복사되어 어느새 달빛 따라 때도 안 된 무료 급식 줄 끝자락에서 낯설게 남은 바람개비

하트로 가둬 놓아

 생각의 자유 위해 마름모의 기억에서 사각형의 그리움과 삼각형의 슬픔 써내야 하지 눈물은 비와 같아 위에서 아래로 흘러 텅 빈 자리 채워 내려 틈 메꾸게 놓아 분수없이 아래서 위로 내뿜는 분수의 기세보다 구박받아 견뎌 입 꼭 다물어 사는 것이 좋아 쏜 화살처럼 불통 되어 돌아오니 꼬투리 잡혀 사는 것 다반사로 묵은 벽에 남긴 하트 모양 마크 속 뚜렷한 이름자 굵은 선으로 막아 그려 도망가지 못할 것이란 기대로 가둬 놓아 마냥 남아 흐려져 꿰매지 못한 해진 마음 불평해 바뀌지 않아 자물쇠 아닌 진한 하트 마크에 가둔 모서리 진 기억으로 그럭저럭 살아가고

제5부

나의 섬

　주책없이 서당 개보다 나은 존재라고 큰소리쳐 봐도 별반 나을 것 없이 꼬드겨 겹쳐지는 파도소리로 잠 못 들어 기우는 달빛 고개 받쳐 마중해 한밤중 소리 없이 울어 아무도 모르게 동쪽 향해 게걸음으로 가고

늦은 깨달음

비법이나 특허 하나 없이 팔뚝 가느다란 시간은
겁나게 중량 나가는 세월 힘겹게 돌리는 꼭두각시
맬 없이 인생의 뒤란 소걸음으로 걸어가다 보니
말이 엄청 긴 사람도 만나고 노래 긴 사람도 만나
술이 긴 사람도 자주 만나 좋고
하소연이 긴 사람도 만나 얼추 반가워
살다 보니 모두가 좋을 것도 싫을 것도 없어
함박눈 되어 시간이 깊게 주름져 쌓여 있는 뒤란에는
가슴으로 보이지 않는 것 많은데 보려 하지 않네

우울증

거적 닮은 마음에 비가 내리네 끝이 안 보이게 비가 내리는 빗방울이 모여 골을 만들어 시냇물 이뤄 흘러 슬픔의 강물이 되어 다 포기해 버리고 싶은 산골 자락 비탈 사태 지어 잡지 못해 버려 혼자된 마음의 조각 덩그러니 조약돌로 남아 도달하지도 않은 바다의 눈치 미리부터 보고 있지

설거지

햅쌀밥 익는 소리보다 그릇끼리 부대끼는 소리가 목에 힘 들어간 그림 같은 삶이란 것 아는데 칠십 년이나 걸렸지 물푸레나무 스쳐 지난 물로 몇 번 헹구어 접시의 뒷부분 깨끗이 닦아야 하는 것을 뒤늦게 알아 칠십여 년 넘어 손수 접시 닦아 보고 나서야 남을 가르쳐야 하는 것이 아니라 나를 가르쳐야 하는 것 깨달았지 빗금 그어 구겨진 삶도 소중함으로 닦아 깨끗해지는 것을 나름의 음색으로 씻어 짧은 어절로 하늘에 안기지 못하고 바다에 안기지 못해도 펑퍼짐한 바람의 품에라도 안겨 기죽지 말라고 기죽지 말라고 발뒤꿈치 힘을 줘 옷고름 풀지 못하는 미련 손 놓아 버리지 말아야 한다는 것 때 늦게 알아 쌀밥이 익는 소리보다 그릇끼리 부대끼는 소리가 활시위처럼 팽팽한 삶이란 것 아는데 칠십 년이 더 걸렸지

사랑꾼

 모질게 스며들어 씨잘데기 없는 미련의 꽃향기로 헹궈 폼 나게 버텨 나눠주기 어려운 겹겹 비단으로 쌓아 자물쇠로 잠가 놓은 굳은 마음 자기 집 것 서리하듯 훔쳐내는 멋진 도둑

일상의 뒤란

 누워 삐쭉 고개 내미는 고민 따라 세속의 굴렁쇠는 지 멋대로 굴러가 오는 바람에 아무도 모르는 갈비뼈 자라고 있지 허리둘레 아랑곳없이 무표정하게 기울어진 터 곧게 자란 기억 앞에서 내 마음 내 멋대로 생각 못하는 드라마 속의 한 장면으로 남아 통하지 않는 불편한 해석 멋대로 지껄여 모자란 시구는 있으나 세상 나쁜 시구는 없는 것을 일상의 뒤란에 겁나는 일 없이 한 시절 불나방 한심하게 해석해 날망의 앙상한 바람도 뼈대 있는 가문이라고 말없이 버텨 바위 넘어 멈추지 않지 생각의 자유에는 잔뼈 없는데

꽃이 피면

아무것도 안 하려 물꼬 보고 있지
억장 무너져 권태기 온 미련으로
세월의 인연 따라 향기 품어 놓은
미소로 도화살 껴 야릇한 봄바람
머물지 못해 진상을 부리는 바람
나무랄 수 없어 물길 떠난 자갈로
남아 있는 눈치로 채워 놓지 못해
안 보여 있는 중량으로 꽤 버려
오지 않아 딴전으로 남아 있어
빗금 그어 말랑한 그리움 한 접시

여유의 수치

담을 것 다 담아 성에 차지 않아 흉내 내 등장인물 속에 끼지 못하는 시늉으로 미움이 입술 씰룩여 욕을 퍼질러 놓아 나무는 많은 잎 가져 버거워하지 않아 자신에게 인색하게 대해 왔기에 조금은 관대해져 두 팔 벌려 뿌리내려 곧은 나무 안 되어도 좋은 것을 자유의 사유로 굽은 나무라도 새의 둥지 틀 공간 있으면 되지

반전

 순 겁쟁이는 간이 콩알만 하지 뒤집기 배밀이에 감탄사 날려 한 발짝 뛰는데 세상 얻은 양 때 되면 다하는 일인 것을 괜한 신명으로 야단법석

시의 향기

 우울의 걸림돌 내색하지 않는 거문고 여섯 현 울려 퍼지는 시구로 용솟음쳐 틈새 곧게 빛줄기 따라 그녀의 손가락에서 들린 신음소리 한 어절 뛰어넘은 은유로 펼쳐 놓아 빈 곳간 채워가는 발상의 푯대 주문하지 않아 밤새 깃발의 모서리로 번져 다가선 라일락 내음

공중전화기

 속도 참 편한 놈 그리 많은 하소연 듣고 나도 냉정히 있지 대자로 뻗어 활개 치던 인생 고장 나면 곧바로 폐기 처분되지 자살 한 번도 생각하지 않던 우울은 동전 두 개 넣으며 자살 기억해 전해지지 않는 소식 깜깜이로 남아 공중전화기의 두툼한 입술에 대어 사랑한다는 말 수없이 뱉어 내 하소연하는 것 듣고 한 마디 대답이 없어도 쉼 없이 공중전화기에 반복했으나 답장은 없지 삼 년 전부터 붙어 있는 작은 매직 글씨 '공중전화기 고장' 무관심이 듣고 있는 줄 알았지만 가슴이 많이 아파도 속 시원히 바람이 전하는 첫마디부터 끝마디까지 다 들어 고개 숙여 전하고 있지 누군가의 진심은 팽팽한 양보라고

바다 이야기

혼자 사랑은 바다 깊이만큼 슬픈 것 아닌 바다의 넓이만큼 설레는 것 파도소리 따라 그리워한다는 것은 갓 잡은 생선처럼 파닥이는 것이지 시간에 따라 수시로 변해 선바위로 버텨 얻는 것 없이 길 잃어 북극성과 눈빛 나눠 길 찾아들어 구름 낀 밤중이라 북극성 보이지 않아 모래벌판이면 좋지 비틀거려 억지로 버티는 것보다 쉽게 넘어지는 것이 바로 일어설 수 있어 오랜만에 말 안 해도 서로 통하는 친구를 수평선 너머 노을의 복판에서 만나지 끝없이 펼쳐져 가지 못하는 출렁이는 막음으로 발길 잡고 있지 용이 살았다는 전설 알려주는 파도소리의 자맥질 안부 묻지 않아 바삐 지내는 친구에게 엽서 보내지 죽방렴의 현명한 풍경 따라 거친 손톱의 휘두름에 숨어 바람으로 어부를 삼켜 토해내지 않아 오기의 망부석 되어 기다리는 그리움은 경매되는 일 없지

누가 뭐라 해도

 골조 완벽한 구조의 거짓으로 멈춰 버린 온전한 독대의 시간 지나 멋대로 보라색을 검은색이라 우기는 자들이 등장해 검정색이라 부르는 자들이 생기다 한 번도 변하지 않은 자주색이지만 어떤 보라색이라 말 그럴 듯이 전해 멋대로 드러내 보라색이나 검은색으로 환생하여 바뀌는 줄 알았는데 있는 그대로 바위처럼 자주색으로 남아 있지 이기지 않아 비껴 지내는 구겨진 미련도 성냄 없이 왔다 가서 그림자는 검은색이고 미소는 보라색으로 뒷걸음 쳐 배경에 상관없이 고정의 색으로 퇴고 없는 일기 써 내려가고

배반의 원리

아무 상관없는 사이에서는 일어날 수 없어 믿고 의지한 관계에서 나타나 실망이 크지 생각 않은 의도적인 배반은 자주 발생해 믿고 말한 것에 자기만이 알고 있는 것 참지 못해 발생하지 믿던 관계라 더 실망이 커 타격이 엄청나 지구 끝까지 따라가 욕하지

배꽃

별 안 따와도 당신만 뜨거운 가슴으로 가까이 다가오면 좋아요

오동나무 뚜껑 열리지 않는 상자 속에 들어 있는 선물인가요

그리움은 아무리 빠져 들었어도 절대로 물리지 않아 좋네요

주책바가지인 달빛이 성큼 내려와 가지마다 꽃망울 눈 뜨네요

기억의 언어

단무지 맛처럼 그대로 기억이 남는 것은 아니지

마지막 넘기는 우동 국물 맛에 정이 물려 빼앗겨

고민할 것 없이 단골 우동 집 문지방 찾아들어

무섭긴 무서운가, 중량 나가지 않는 무게의 엽전

등 뒤에 아무것도 진 것이 없는데 허리 굽게 힘들어

바람 숨 가쁘게 부는 날은 가끔 기억의 궤도 벗어나

깜빡이도 켜지 않아 훅 들어와 마음 설레게 보채서

시간의 뒤꿈치 따라 생각의 자유 보듬어 가는 것을

사슴벌레

  미련 채워지지 않아 쓸모없이 폼으로 지키는 문지기 허우대로 들어오면 가만 안 둔다고 소리를 겁으로 먹어 순둥이로 태어나 대우 못 받아 서러워 까먹어 자기 것도 아닌 몽당연필 한 자루에 앙탈 떨던 짝꿍 계집아이처럼 여지없이 묵은 세월 섞어 뚫린 몇 평 안 되는 집 차지해 성나서 버텨 시간 간계로 꽁지 빠진 생각 보고 덩달아 얼빠져 구겨진 지폐로 반품 못 하는 유년 뚫린 바지 주머니 뒤져 보면 코 흘리던 놀이터였지 나를 보던 거울이 가는 길 되돌아가지 못해 선산 지켜 백 년 하사한 상수리 바람도 위세에 맥없이 떨어져 내리는 것이 열매뿐이더냐 영역 표시로 지켜 전세인지 자가인지 구별되지 않아 분내 풍겨 가는 바람의 뒤태 눈길 주지 않아 하찮은 것들 겁주기 위해 철갑으로 으름장 놓아 가관이지

해설

『농담 걸어오는 저녁』에서 읽는 포이에시스

박찬희 (시인)

---
1. 포이에시스—시 쓰기, 詩作

아리스토텔레스는 『시학』(詩學, 페리 포이에티케스)에서 시를 첫 번째 원리(first principles)라고 하였다. 이 말은 시가 인간 사회의 모든 영역에서 얼마나 중요하고 가치 있는 것인지를 잘 표현해 주고 있다. 시를 읽는 독자는 시인의 눈을 통해 세상을 보고 우주를 본다. 시인에게 이입된 감성은 시인의 시간을 자신의 시간에 데칼코마니 한다. 시를 쓰는 일은 때로 고귀한 제의이기도 하고, 때로 심오한 철학이기도 하고, 때로는 상쾌한 반란이기도 하고, 때로는 먹먹한 가슴을 눈물샘에 담그는 비극의 한마당이 되기도 한다. 시에는 시인 자신의 독특한 지문이 찍혀 있다. 그래서 독자들은 시 한 편에서 시인의 일생을 읽기도 하고 그 시인의 내면을 보기도 한다.

 성낙수 시인은 50년간의 시작 활동을 통해 자신의 일생을 세상에 내어놓은 바 있다. 그리고 이번 시집을 통해 시인 자신의 내면에 흐르는 심상을 촌철(寸鐵)로 다듬어 펼쳐낸다. 시인의 이번 시집은 기억과 노스탤지어의 강물을 한 개의 화폭에 모아 그려낸 화보집이다. 이 시집은 시가 요구하는 이미지와 음률과 낯설게 하기가 촘촘히 엮여 독자로 하여금 시인의 기억과 노스탤지어에 자연스럽게 잠기도록 이끈다.

1. 미메시스(Mimesis): 모사(模寫)

아리스토텔레스는 그의 책, 『시학』의 첫머리에서 시를 쓰는 일, 즉 포이에시스(詩作)는 그 종류를 망라해서 모두 미메시스(모사)라고 했다.

성낙수 시인은 이 작업을 통해 기억과 노스탤지어를 불러일으킨다. 성낙수 시인의 기억과 노스탤지어는 청명하다 못해 감히 손끝을 대기조차 저어될 정도로 맑다.

    그냥 반해 버렸지 거짓 없이 이웃별에게 안부 물어
  보조개 미소로 피어난 작은 별
-「돌배 꽃」전문

최근 시풍이 장시(長詩)로 굳어져 가는 즈음에 시인은 말을 줄임으로써 말을 하려는 듯 짧은 시를 통해, 그럼에도 불구하고 맑은 시어로 대상과 대상의 정서를 모사하고 있다. '돌배 꽃' 하나를 따스한 눈으로 보고, 그 꽃을 '작은 별'의 '보조개 미소'로 모사하고는 '그냥 반해 버리는' 시인의 순전한 감성은 이 시집 전체에 흐르고 있다.

    닫혀있는 반쪽의 시간을 숨긴 어둠이 구워 놓은 속
  삭임으로 꺼낸 보물
-「추억은」전문

사물 혹은 상태를 모사하는 것은 시에서 가장 기본적인 요소이면서도 가장 놓치기 쉬운 요소이다. 그런 점에서 시인의 「추억은」 제하의 위 시는 매우 성공적인 모사의 전형이라 할 수 있다. 시간의 반쪽이 마치 문처럼 닫혀있다는 표현, 그 '시간을 숨긴 어둠이' '구워' '속삭임'으로 '꺼낸 보물'이 추억이라는 시인의 모사는 많은 말을 하지 않아도 충분히 많은 것을 말할 수 있는 시인의 특권이다.

> 나무 기둥에 묶어둔 설렘으로 야속하게도
> 젖망울 언저리 부풀어 오는 목을 푼 그리움으로
> 꽃망울은 지워진 과거의 기억 찾아 북을 울리고
> (……)
> 다투어 꽃망울마다 팝콘 터지는 소리 요란하고
> ―「매화」 부분

> 파란 물감 손바닥 가득 묻혀 온종일 하늘의 낯짝에 칠하다 돌아서니 누가 칠했는가 어느새 붉은색이 되어
> ―「노을」 전문

성낙수 시인의 시 「매화」와 「노을」은 미메시스(모사)를 통해 옵시스(시각화)에 이른다. 현대 시에서 이미지는 빼어 놓을 수 없는 요소다. 있는 그대로 묘사하는 것이 아니라 '낯설게 하기'라는 프리즘에 투과시켜 새로운 그림을

창조해 내는 것이다. 그런 점에서 '매화'를 그려내는 시인의 눈에는 마치 '지워진 과거의 기억 찾아 북을 울리'는 것처럼 가지 끝마다 맺힌 꽃망울 속에 곱게 감춰진 '설렘'이 채 풀어지지 않는 야속함으로 보이고, 그 야속함은 급기야 '팝콘 터지는 소리'로 청각화 되어 '요란'해진다. 마치 한 편의 유화 혹은 수채화를 보는듯한 질감이 느껴지고, 이미지가 저절로 그려지고, 그 이미지의 어느 한편에서 환희의 소리가 들려 나온다. '시'와 '청'과 '각'의 융합이다.

시「노을」은 청량하다. 색감이 분명하다. 그 색감은 하늘을 온통 물들이고 그 물든 하늘은 시인의 시심에 꽉 차 있다. 시인이 펼쳐내는 노을이 '시'라면 그 시에 물든 '하늘'은 시를 읽는 독자의 심상(心想)이다. 독자는 시인의 시를 읽음으로써 '파란', 또는 '붉은' 하늘을 만난다. 거기 드리워진 노을은 시인이 '손바닥 가득 묻혀' 독자에게 칠해주는 노스탤지어다.

> 남은 작은 불씨로 불붙어 허울뿐인 비무장지대 맞
> 불 작전으로 번지는 지뢰 폭발의 겁나게 찬란한 불꽃
> 놀이로 신명 나서 온 산 태우는 산불
> 　　　　　　　　　　　　　　　－「그리움은 66」 전문

성낙수 시인의 이 시집 전반에 흐르는 기억의 본질을 한 단어로 표현하면 '그리움'이다. 최근의 시들이 지나치게 난해해지고 건조해지고 있는 데 반하여 성낙수 시인은

시의 본류라고 해도 지나치지 않을 서정성에 손을 내밀고 있다. 그 서정성을 표현함에 있어서 은유와 상징을 적합하게 사용함으로써 작품성의 제고에 성공하고 있다. 어쩌면 매우 추상적이라고 할 수 있는 '그리움'을 이미지로 치환하는 데 있어서 점층법을 사용함으로써 입체화한다. 즉 '작은 불씨'가 '지뢰 폭발'로, '지뢰 폭발'이 '불꽃놀이'로, '불꽃놀이'가 '온 산 태우는 산불'로 번져간다. 그리움은 그렇게 자라 결국은 자기를 삼킨다. 시인은 아마도 평생을 그런 '그리움'에 사무쳐 왔는지도 모른다. 그리고 그 '그리움'을 더욱더 키워가며 기억 속에서 한 편, 한 편의 시를 자아내는 것이 아닐까?

평자의 이러한 생각은 그의 시 「동해에서」와 「이별」에도 명징하게 드러나고 있다.

> 몸속 깊이 뼈다귀 지니고 있는 완전 통뼈로 사정없이 사무치는 그리움의 파도
>
> — 「동해에서」 부분

> 어둠의 자궁에서 만들어 놓아 번지 없이 배달된 반품으로 가슴팍 찌르고
>
> — 「이별」 부분

그리움은 잊힐 만하면 마치 파도처럼 불쑥불쑥 밀려와 온 마음을 뒤덮는다. 그 파도 같은 그리움은 '통뼈'로 '몸

속 깊이' 자리 잡고 있어서 좀처럼 떨쳐낼 수 없다. 오히려 '가슴팍 찌르고' 그래서 늘 사무친다. 그 사무침을 한 편의 시로 표현하는 일, 시인은 단 한 편의 시에 자기의 서사를 온전히 담는다. 그러므로 '한 편의 시는 소설 한 편과 같다'는 세간의 말은 결코 과장만은 아니다.

성낙수 시인의 시집에 실린 작품들 중 미메시스의 압권은 다음의 시, 곧 「휴식 시간에」라고 할 수 있다. 그 전문을 보자.

눈길 주지 않아 클래식 선율 따라 고양이 천천히 지나 쓸데없이 울리는 전화 소리에 맞춰 시간 건너뛰어 억시 반어법과 낯설게 하기로 당돌한 내면의 흐름은 핏줄처럼 드러나서 감정의 옷 벗어 던져 알몸으로 두 눈 감아 부끄럼 잊어 한 때 망나니로 신명 나서 칼춤 춰 술잔에 달빛 넘쳐 담아 밤새 거나히 취한 언약의 바지랑대 기껏 죽음 후처럼 아늑하고 편해 지난 시간 되돌리는 것 불가능해도 되돌리려 애를 쓰지
― 「휴식 시간에」 전문

'클래식 선율'을 따라 '천천히 지나'가는 '고양이', '핏줄처럼' 드러나는 '감정의 옷', '알몸', '망나니로 신명 나서 칼춤 춰 술잔에 달빛 넘쳐 담아', '언약의 바지랑대' 같은 표현은 한 소절 한 소절을 보면 그대로가 이미지다. 그런데

이 이미지들은 각각의 이미지를 보여주려는 것이 아니라 '내면의 흐름'이 정지된 상태 즉 '휴식 시간'의 다양한 상념들을 표상한다. 단순히 모사에 그치는 것이 아니라 '그 이미지 너머에 무엇이 있을까?' 궁금증을 유발한다. 그리고 독자는 그 궁금증을 하나하나 잡아당김으로써 시의 에토스(Ethos, 특징 혹은 특성)를 감지해 나간다. 그리하여 독자는 시인의 안내를 따라, 시인과 함께, '반어법'과 '낯설게 하기'의 숲을 헤쳐가면서 자신의 '지난 시간'을 '되돌리려' '애를' 쓴다.

시인의 이러한 시 쓰기(詩作, 포이에시스)는 때로 모호하게, 때로 선명하게 '기억'과 '그리움'과 '슬픔'을 버무리고 얽어낸 '생각의 자유'를 표현하는데, 그 표현은 '마름모'일 때도 있고, '사각형'일 때도 있고 '삼각형'일 때도 있다.

> 생각의 자유 위해 마름모의 기억에서 사각형의 그리움과 삼각형의 슬픔 써내야 하지
>
> ― 「하트로 가둬놓아」 부분

위 시의 한 소절을 되뇌어 읽는다. 그럴수록 생각이 깊어지고 '깊음' 속에서 나는 마름모가 되기도 하고 사각형이 되기도 하고 삼각형이 되기도 한다. 그것이 그리움이거나 슬픔이거나 간에 기억으로 각인된 생각은 시인이 '써내는' 시에 '하트로' 가둬지고, 시를 읽어 나가는 맛에 길들여져, 다음 페이지에 써진 또 하나의 시에 마음을 빼

앉기게 한다.

성낙수 시인의 시에서 미메시스는 단순히 이미지 차원을 넘어선다. 「시의 향기」라는 제목의 아래 시는 시각은 물론 청각을 자극하고, 더 나아가 후각을 자극한다.

> 우울의 걸림돌 내색하지 않는 거문고 여섯 현 울려 퍼지는 시구로 용솟음쳐 틈새 곧게 빛줄기 따라 그녀의 손가락에서 들린 신음소리 한 어절 뛰어넘은 은유로 펼쳐 놓아 빈 곳간 채워가는 발상의 푯대 주문하지 않아 밤새 깃발의 모서리로 번져 다가선 라일락 내음
> – 「시의 향기」 전문

'거문고', '손가락', '푯대', '깃발' 등의 시어들은 시각을 자극하고, '울려 퍼지는', '신음소리' '주문하기' 등의 시어들은 청각을 자극한다. 그리고 이 모든 시어들은 '라일락 내음'이라는 후각으로 수렴된다. 시각과 청각과 후각을 섬세하게 자극하는 각각의 시어들과 문장들 그리고 시 전체가 가진 에토스는 '시'라는 텔로스(Telos, 목적)로 향한다. 독자는 결국 한 편의 시 속에서 '은유로' 펼쳐 놓아지는 '시'를 만나게 되고, 그 시에서 '향기'를 맡는다. 성낙수 시인의 절차탁마한 시력(詩歷)이 가지고 있는 탁월한 시 쓰기(詩作, 포이에시스)를 명징하게 보여주는 시가 「시의 향기」다.

2. 멜로스(Melos) : 음률(音律)

아리스토텔레스의 시학(詩學)은 사실 최고의 시로서의 '비극'(悲劇)을 설명한다. 그런데 그는 이 책에서 멜로스, 즉 음률을 언급한다. 멜로스는 노래, 장단, 율동 등을 의미하기도 하는데, 시에서는 운율로써 표현된다.

성낙수 시인의 본 시집은 시에 운율을 붙여 엮은 한 권의 악보집이라고 해도 과한 표현은 아니다. 시인의 시들에서는 편편마다 '움직임'이 감지된다. 즉 도치법과 평행의 순환적 표현기법이 장단고저의 음률로 다가오고, 마치 압운(押韻)처럼 긴장과 풀림을 느끼게 한다. 시집 전 편의 시들에 흐르는 이런 파동(波動)은 독자들에게 '매우 친절한 시'로서 다가오게 한다. 즉 '지루한 시'가 아니라 '재미있는 시', '맛없는 시'가 아니라 '맛있는 시'로서 읽힌다는 것이다.

> 팔뚝 가녀린 시간 농담으로 건네는 말에 빠져
> 술 안 취해 정신으로 말 많은 현실의 바람은
> 일상의 뒤란 바지랑대 없이 비껴 머물러
> 별명으로 불리게 되는 말라깽이 수다쟁이
> 차 막히기 전에 서둘러 길 떠나고 있어
> 질색해 빡빡하게 구는 사소한 문장 곁에
> 달빛으로 등목 해 눈빛 맑은 초신성 되어
> 말에 뼈 있어 매듭의 어절마다 아프게 하고

― 「기억 이야기 2」 전문

성낙수 시인의 시어는 맑다. 맑은 물에 떨어지는 물방울을 지켜보자면 일정한 운율이 느껴진다. 그처럼 성낙수 시인의 시에서는 단아하고 정갈한 시어와 시문의 운용이 도드라진다. 이 시집의 대다수 시에서는 맺고 끊는 율격이 패턴으로 나타난다. 이러한 작풍은 풀어지고 늘어짐을 지양하면서, 잘 조율된 기타의 현이 품고 있는 적당한 긴장을 여실히 보여준다.

이런 형식은 다음의 시에서 보다 분명하게 드러난다.

오늘을 산다는 것은 청기 들어 백기 내려

백기 올려 청기 내려 고개 들어 반복해

괜히 힘들어 속 보여 구겨 견뎌 내는 것을

참아야 하는 바람이 하는 이야기 들려와

지적질하는 산새 얄미워 귀담아 안 들어

오점으로 남아돌아 청기 들어 백기 내려

백기 올려 청기 내려 맥없이 반복해

꼴사납게 속 보여 겁나도록 견뎌 내는
- 「반복의 의미」 전문

'시를 읽는 재미'는 제목과 본문의 부조화를 통해 시의 깊이로 들어간다는 데 있다. 그럼에도 불구하고 이 시에 '반복의 의미'라는 제목을 붙인 것이 식상하지 않게 다가오는 것은 이 시가 제목을 설명하는 것이 아니라 서술한다는 데 있다. 반복되는 패턴이 드러내고자 하는 것은 사실 '겁나도록 견뎌내는' 삶이다. 시인은 그런 삶을 상승과 하강, 부침(浮沈)을 상징하는 청기와 백기를 올리고 내리는 행위를 통해 은유하고 있다.

잠 덜 깬 정원 둘러봐 이상할 것 없지
눈 비벼 일어나는 꽃잎의 오지랖으로
자태 고와 향내 멋져도 으스대지 않아
못다 한 그리움이야 미루나무 붓 삼아
재촉하는 강물에 써 못다 풀어낸 사연
소쩍새 우는 밤 계곡 따라 진심 어린
강물의 떨리는 목소리 들어 보았느냐
둥구나무에서 음 이탈로 쉼 없이 울어
계절의 가랑이 새로 번지는 노랫소리는
쉬어 가지 못하는 깡마른 세월 이야기
- 「매화 피는 날」 전문

시인의 「매화 피는 날」은 매고 푸는 것에 능숙한 시인의 시 운용을 명확히 보여주는 시라고 할 수 있다. 아닌 척 능청스럽게 '매화 피는 날'의 풍경을 풀어내는 것은 단순히 기교가 아니다. 매화를 '소쩍새 우는 밤 계곡 따라 진심 어린 강물의 떨리는 목소리'라고 표현할 수 있는 것은 성낙수 시인만의, 그리고 성낙수 시인다운 절창이다. 성낙수 시인은 그만큼 수없는 '계절'을 시에 천착해 왔고, 지난하고 '깡마른 세월'에 시의 꽃을 피워냈다. 수많은 후학을 양성하면서 그들의 더딘 발전을 보면서도 '잠 덜 깬 정원 둘러봐 이상할 것 없지'라고 기다리면서 '강물의 떨리는 목소리'에 귀를 기울이고 있다. 시인의 매력이라 아니 할 수 없다.

>꼬투리 잡힐 일 없이 어색한 표정 안 지으려 해도 어색한 표정의 영혼으로 인간인 척 품 잡아 쓰다 남은 크레파스로 안면에 그려 놓은 눈과 귀 코 새 떼에게 줘버려 두 팔 두 다리 기꺼이 바람이 가져가도 쫄지 않아 가슴에 품은 심장 하나로 누구도 시키지 않은 들녘 버텨 지키는 마지막 싸울아비
>
>– 「허수아비」 전문

우리 음악에 '사설'이라는 것이 있다. 장터에 모여든 군중들 속에서 소리꾼이 풀어내는 '사설'은 숨 한 번 쉬지 않고도 처음과 끝을 풀어낸다. 성낙수 시인의 「허수아비」

를 읽다 보면 저절로 한 호흡에 '사설'을 풀어내는 소리꾼이 된다. 이 시는 한 호흡이지만 마디가 보이고 헤프지 않게 조성된 적절한 절제의 미가 미려하게 드러나는 시다.

긴 호흡을 요하는 시가 이 시집 전체를 구성하고 있는 것은 아니다. 성낙수 시인의 다음 시, 「첫사랑」과 「사랑꾼」은 그가 확실히 시의 장단(長短)을 능숙하게 운용하고 있음을 보여준다.

> 그냥 배꽃 지는 유년 시절 나도 모르게 넘어가 당해 버린 예쁜 사기
>
> — 「첫사랑」 전문

> 모질게 스며들어 씨잘데기 없는 미련의 꽃향기로 헹귀 폼 나게 버텨 나눠주기 어려운 겹겹 비단으로 쌓아 자물쇠로 잠가 놓은 굳은 마음 자기 집 것 서리하듯 훔쳐내는 멋진 도둑
>
> — 「사랑꾼」 전문

'첫사랑'을 이렇게 예쁘게 표현할 수 있다니, 시인은 분명 예쁜 첫사랑을 경험했으리라. 하얀 배꽃이 만발했다가 한바탕 바람에 꽃비로 날리는 것에 취해 '나도 모르게' 사랑에 빠진 경험, 그것을 꽃 때문에 '당해 버린' 것이라고 말하는 딴청은 시가 가진 매력이다. 시인은 그런 매력을 마치 한 줄 명문의 경구 같은 문장으로 발산한다. 사실 첫사

랑은 '나도 모르게 넘어가' 내게 당하는 일이다. 그래서 첫사랑을 풋풋하다고 하지 않는가? 시인은 그렇게 사랑에 빠진 사람을 '사랑꾼'으로 명명하면서, 바로 그 사랑꾼이 '자물쇠로 잠가 놓은 굳은 마음 자기 집 것 서리하듯 훔쳐내는 멋진 도둑'이라고 시침 떼고 말한다. 서정시의 전형적 면모를 보여주는 시구로서 손색이 없다.

이 시들을 소리 내어 읽으면 읽을수록 첫사랑의 기억이 새록새록 되살아난다. 이런 마력은 또 다른 시, 「이별」에서 아프게 그러나 명징하게 드러난다.

> 친구는 떠나가고 빈집만 달을 지켜 몇 번이나 잘라 버리던 새끼손가락
>
> — 「이별」 부분

고래(古來)로, 인간의 희로애락은 시의 주요한 소재가 되어 왔다. 사랑 그리고 이별은 그 희로애락을 고스란히 담고 있는 '사건'이며 인간사의 피할 수 없는 '사안'이다. 사랑의 끝이 언제나 이별이 될 수는 없으나 이별이 사랑의 상실인 경우는 다반사다. 시인은 '애인 삼으니'라는 시를 통해 그 상실의 아픔을 극복하는 길을 이야기한다.

> 달을 애인 삼으니 걱정이 없네요 보고 싶을 때 볼 수 있어 좋네요 삐지는 일 없어 다행으로 이별 없으니 눈물도 없지요

- 「애인 삼으니」 전문

 이별을 걱정할 필요가 없는 일이 있다는 것이다. 상실의 아픔이 흑막 같은 밤이라 해도 '달을 애인 삼으니 걱정이 없다'는 시인, 보고 싶을 때 볼 수 있고 삐지지도 않는 연인을 두고 있다는 것은 얼마나 행복한 일인가? 달을 애인 삼고 세레나데를 부르는 시인, 이 시집의 부분 부분을 장식하고 있는 달콤한 시어들은 바로 그 밤에 조탁된 것이 아닐까?

 3. 파토스(Pathos), 그리고 카타르시스(Catharsis) : 격정(激情), 그리고 정화(淨化)

 시인이 시를 쓰는 순간은 파토스에 사로잡힌 순간이다. 그 '순간의 격정'이 시어와 시어의 씨줄과 날줄로 직조되어 하나의 시가 태어난다. 분노, 절망, 고통, 슬픔, 기쁨 등의 감정은 누구에게나 일어나는 파토스지만 시인은 그것들을 직설로 표현하지 않고 내면에서 충분히 발효시켜 다양한 시적 기법을 통해 슬쩍 비춰낸다. 운문과 산문의 차이는 사실 이 파토스를 어떤 방식으로 표현해 내느냐에 있다. 시는 직접 말하지 않고, 다 말하지 않고, 분명하게 말하지 않는다. 그러면서도 모든 것을 말할 수 있다.
 시평을 쓰고 있는 본인이 늘 되뇌는 자작 명제 하나가 있다. 그것은 '시인은 분노한다'는 문장이다. 분노라는 감정이 가장 보편적으로 표출된 시들은 주로 참여시의 형태를 가진다. 그렇지만 그 외에도 내면에서 분노와 격정을 일으키는 일은 개개인에게서도 다반사로 일어난다. 사건들과 관계들에서 불가분 발생하는 이런 감정을 한사코 감추는 것은 정직하지 못하다. 오히려 자기 자신에게 정직해질 때 시인은 가장 시인답다.

  우선, 이런 점을 전제하고 성낙수 시인의 이 시집을 읽어나가다 보면 적잖은 작품들에서 파토스를 읽을 수 있다. 이 파토스는 시인의 지나온 삶에 붙박여지고 얼기설기 엮인 다양한 사건과 관계들에 기인한다. 이 시집은 아주 서정적인 시들이 주를 이루고 있으면서도 시인의 내면에서 일어나는 격정이 승화된 특별한 질감도 다수의 시에 도드라져있다. 그러므로 독자들은 이 시들을 통해 시인의 격정과 일체감을 느끼면서 동시에 그 격정을 극복하는 카타르시스(Catharsis), 즉 정화(淨化)의 단계를 만날 수 있다.

> 별 수 없이 떠나보내지 못해 헛소리로
> 예고하는 바람 따라 버릇없이 멋대로 가는 세월
> 　　　　　　　　　－「눈 감아 줄 수 없는 세월」 부분

  성낙수 시인은 지금의 세태를 진단하여 말한다. 지금은 '별수 없이 떠나보내지 못해 헛소리로 예고하는 바람'이 난무하고, 세월은 그런 바람에 줏대 없이 흔들리며

'버릇없이 멋대로' 간다. 잡으려 해도 잡히지 않는 세월이 기에 '별수 없이' 떠나보내더라도 어느 한구석에서는 '헛소리' 아닌 진정성 있는 말이 있어야 할 텐데 세월을 치고 가는 것은 그저 바람뿐이고, 그나마 앞·뒤·옆은 아랑곳하지도 않고 멋대로 가는, 지금은 그야말로 '눈 감아 줄 수 없는 세월'이다. 모름지기 시인을 일러 시대의 나팔수라 하는데, 성낙수 시인이 쥔 펜 끝이 무디지 않은 것은 천만다행이다. 이육사 시인은 황무한 질고의 세월 속에서 백마 타고 오는 초인을 기다렸는데, 오늘의 시단에는 과연 '초인'으로 불릴 만큼의 당당한 목소리를 가진 시인이 몇이나 있는지…

> 빗소리와 똑같은 소주잔 따르는 소리 인생의 맛이 소주보다 쓰기만 해 목 너머로 끌어당기는 소주잔의 힘에 사랑 눈멀어 무시로 내리는 나약한 눈물 따라 향 좋은 고구마 라테의 맛으로 살고 싶은 것을 바로 떠나지 못하는 아쉬움에 머무는 발걸음
>
> - 「보슬비」 전문

시인은 '인생의 맛이 소주보다 쓰기만' 하다고 진단한다. 시인은 '향 좋은 고구마 라테의 맛으로 살고 싶은'데 '보슬비'에 옷 젖듯 깊이 젖어 들어가는 속을 주체하지 못해 늘 아쉽고 '발걸음'이 늘 그 자리에 '머무는' 것을 숨기지 못한다.

그래서 시인은, '밥 먹자는 친구들도 시간 갈수록 자꾸만 줄어들어 섭섭한 마음'을 금할 수 없지만, '시 긁적여… 날갯짓 못 해도 어디든 날아갈 수 있다'고 말한다. 이는 파토스를 이겨내고 카타르시스에 이르게 하는 시인의 특권이다. 시인은 시로써 말을 한다. 시를 쓰고, 그 시가 '어디든' 날아가서 누군가에게 닿기를 소망한다. 비록 그것이 질곡 속에서 내린 '오판'으로 판명된다 해도 시인은 쓰고 또 쓴다. 그것이 시인의 특권인 동시에 소명이다.

성낙수 시인이 진단한 오늘의 또 다른 모습은 '뒤통수치는 오늘'이다. 성 시인은 이런 '미운 세상에서 미운털로 버텨 내'는 방법은 '그냥 마음먹기 달려 있'다고 말한다(「오판의 미덕」 중에서). 나아가 '존재감 폼 잡아 사나 무명으로 버텨 그럭저럭 사나 돌아가 보면 그게 그것'이고, '잘난 척 눈먼 자들이 코끼리 만져 다 아는 듯하는 것이 인생'이며(「작은 이야기」 중에서), '작은 발자국 찍어 고난의 길 걸어 미워하는 마음 구겨 접어 본전 뽑을 수 없는 막장 드라마'(「외면한 노을」 중에서)이다.

아리스토텔레스가 『시학』에서 시의 궁극을 비극에서 찾으려 한 것은 오늘의 삶에서도 유효한 시도라 할 수 있다. 그만큼 오늘의 삶은 녹록지 않고 지난하다. 성낙수 시인의 현실 진단 역시 그 연장선상에 있다. 그럼에도 불구하고 시인은 이 파토스를 이겨낼 유효한 비책을 이렇게 제시한다.

세상 한 바퀴 나들이하듯 돌아보고 가는 인생이지요
생각만 하지 말고 입 열어 나에게만 들리게 말해봐요
신명 난 욕심 아낌없이 모두 버려 제 자리 지켜내요
마침표 물음표 접어 두어 기분 좋은 느낌표로 남겨요
주먹 불끈 쥐어 울분 토하지 말아 그냥 있어 줘요
한숨 가볍게 내뱉듯이 언제나 떠나지 말아야 해요
― 「제발」 전문

즉, 파토스를 딛고 카타르시스에 이르기 위해서는 '세상 한 바퀴 나들이하듯 돌아보고 가는' 자세가 필요하고, '신명 난 욕심 아낌없이 모두 버려'야 하고 '제 자리 지켜내'야 한다. 울분 가득한 세상을 향해 성낙수 시인이 내놓는 요청은 '주먹 불끈 쥐어 울분 토하지 말'고 '그냥 있어 줘요'다. 세상의 습성은 '한숨 가볍게 내뱉듯이 언제나 떠나'기 일쑤지만 함께, 곁에 있어 주는 것만큼 큰 위로는 없다. 그보다 더 확실한 카타르시스는 없다.

이런 진단과 처방의 따스함은 무심한 듯 무심하지 않은 성낙수 시인의 시선(視線)에서 잘 묻어난다. 마치 자화상처럼 그려지는 시인의 시, 「중앙공원에서 3」이 그 한 예다.

시간 흘러가도 낡은 의자 비껴 기웃거려 형상화된 나이는 구겨진 추억 한 어절 겹쳐 복사되어 어느새 달빛 따라 때도 안 된 무료 급식 줄 끝자락에서 낯설게 남은 바람개비

– 「중앙공원에서 3」 부분

   공원 한쪽에 서서 바람의 강약을 따라 돌고 멈추고를 반복하는 바람개비, 마치 '낡은 의자'처럼 '구겨진 추억'을 가진 사람들처럼 '한 어절 겹쳐 복사된' 이들이 한 끼니를 위해 줄을 선 곳, 그 '끝자락에서 낯설게' 서 있다. 이 '바람개비'를 보는 시인의 시선에는 무료 급식을 받기 위해 늘 어선 남루한 이들과 그들 안에도 속하지 못하는 바람개비가 있다. 낯익은 풍경이면서도 낯선 풍경이다. 소속 본능은 종(種)의 특성이다. 어느 경우에서든 이 본능은 존재한다. 그러나 이 본능을 해체해 버리는 종이 있는데 그것이 바로 인간이다. 서로 어울리고 기대어 살 때 행복하다. 그러나 인간은 누군가를 소외시키고 때로는 스스로를 커뮤니티에서 소외시킨다. 마치 낯설게 줄 끝에 서 있는 바람개비처럼. 조금 깊이 생각해 보면 줄을 선 사람들조차 스스로를 소외시킨 사람들일 수도 있다. 한 식탁에 앉아 식사를 하지만, 식사를 마친 후에는 뿔뿔이 흩어져 제 갈 길로 간다. 그런 점에서 보면 바람개비와 큰 차별이 없다. 시인은 어쩌면 일상적인 중앙공원의 풍경 한 폭에서 물아(物我)를 일치시키고 있었던 것은 아닐까?

   결국 시인은 분주하고 소란스런 삶에서 낯섦을 극복하자고 제의한다.

인생의 뒤란 소걸음으로 걸어가다 보니
　　말이 엄청 긴 사람도 만나고 노래 긴 사람도 만나
　　술이 긴 사람도 자주 만나 좋고
　　하소연이 긴 사람도 만나 얼추 반가워
　　살다 보니 모두가 좋을 것도 싫을 것도 없어
　　　　　　　　　　　　　　　-「늦은 깨달음」부분

　전환해야 할 삶의 중요한 자세는 '소걸음으로' 걷는 것이다. 그러다 보면 이런 사람 저런 사람을 다 만난다. 반드시는 아니지만 '얼추 반가워'라는 말이 마음에 닿아온다. 그렇게 한 걸음 늦추고, 한 템포 늦춰 보면 그게 행복한 삶임을 알게 된다. 그래서 시인은 '살다 보니 모두가 좋을 것도 싫을 것도 없'다고 말한다.
　이런 삶의 모습을 슬로우 라이프라고 할까? 시인의 또 다른 시에는 느리게 사는 삶의 자세와 병행하는, 격정(激情, 파토스)에서 정화(淨化, 카타르시스)에 이르는 또 하나의 비결이 이미지화(Opsis) 된 시 구절로서 아래와 같이 제시되고 있다.

　　조금은 관대해져 두 팔 벌려 뿌리내려 곧은 나무 안
　　되어도 좋은 것을 자유의 사유로 굽은 나무라도 새의
　　둥지 틀 공간 있으면 되지
　　　　　　　　　　　　　　　-「여유의 수치」부분

4. 나가는 말

성 시인의 이 시집에는 모사(미메시스)와 음률(멜로스)과 격정(파토스)과 정화(카타르시스)가 있다. 이들을 시각화(옵시스) 하고 혹은 후각화에까지 이르게 함으로써 시의 다면적 요소를 총합해 한 권의 시창작 교본을 내놓고 있다. 실제로 그는 시창작 교실을 운영하고 있다. 수없이 많은 시인들의 주옥같은 시들을 발 빠르게 제공하여 '시를 찾는 이들'에게 징검다리를 놓아주고, 시 창작의 실제를 강의하고, 습작을 첨삭 및 지도함으로써 시 쓰기의 생활화를 돕고 있다.

출간된 이 시집이 시의 밭에 발을 디디고자 하는 이들의 시어 선택과 시문 창작과 운용을 위한 매우 유용한 교재가 되리라 믿어 추천한다.

성낙수 시인은 이 시집의 후반부에 「배꽃」 제하의 시를 수록했다. 그중 한 문장을 '별 안 따와도 당신만 뜨거운 가슴으로 가까이 다가오면 좋아요'라고 썼다. 본 평자는 이 문장을 차용해 이렇게 말하고자 한다. 별 안 따와도 당신이 뜨거운 가슴으로 (이 시들에) 가까이 다가오면 좋아요.

농담 걸어오는 저녁

초판 1쇄 발행 2025년 5월 20일
초판 2쇄 발행 2025년 5월 31일
초판 3쇄 발행 2025년 8월 15일

지은이 성낙수

발행인 방정원
발행처 도서출판 놀북
등록 제 573-2019-000011호
주소 충북 청주시 상당구 수영로162 101호
전화 010-2714-5200
전자우편 nolbook35@naver.com

ISBN 979-11-91913-44-6 (03810)

이 책은 충청북도, 충북문화재단의 후원을 받아
예술창작활동지원사업의 일환으로 발간되었습니다.